LA MONNAIE. — SUR L'AMSTEL.

COMMENT S'EST FORMÉ LE SOL DE LA HOLLANDE

I

Voici un pays invraisemblable : les rivières y semblent couler par-dessus la tête des habitants; les villes y sont situées au-dessous du niveau de la mer; telle partie du sol, sur une vaste étendue, y est une conquête de l'activité et de l'énergie humaines triomphant des flots; ailleurs, les cours d'eau ensablés y ont relié par des isthmes d'anciennes îles au continent; ailleurs encore, ce même continent s'est affaissé sous les eaux et de ses débris sont nées des îles nouvelles. C'est la Hollande, la terre creuse, comme le dit son nom, ou la Néerlande, la terre basse, suivant une autre appellation. A voir comment, au mépris de toutes les lois géographiques, s'est constituée cette formation, on est saisi de surprise. Cette poignée d'hommes, — quelques millions à peine, — fixés ici depuis des siècles, a résolu en effet une série de problèmes chimériques. Sans carrières de pierres, elle a bâti de superbes cités; presque sans forêts, elle a construit des flottes qui ont fait de cette nation la reine des océans; sans moyens agricoles, sur des terrains inondés, submergés, elle a créé des greniers d'abondance et acquis des richesses considérables en blés et en bestiaux. Pays si merveilleux qu'on se demande comment il est possible qu'il existe dans ces conditions (1).

Plat, uni, telle une surface liquide que ne vient rider aucun souffle de vent, partout endenté sur ses côtes par des golfes ou des baies, coupé à l'intérieur par des lacs, arrosé par des fleuves qui se ramifient en un nombre infini de petites artères, ce sol fut, de date relativement peu lointaine, le théâtre d'une lutte à outrance entre les eaux et la terre. En tout autre point de l'Europe, la science, dès qu'elle veut remonter aux premières origines géologiques, se trouve en présence de faits que l'histoire, même aidée de toutes les conjectures, ne peut préciser. En Hollande, au contraire, l'homme a été, à toute époque, témoin de la captation des alluvions qui sont devenues des provinces entières. Il a vu fermer l'embouchure de certains fleuves par de puissants dépôts de sables successifs, et les terres se changer en mers, et les mers intérieures se dessécher. Bien longtemps après l'achèvement du continent européen par les actions et réactions combinées de la nature, nombre de causes physiques auxquelles on attribue généralement la transformation du globe terrestre dans son aspect et sa constitution sont restées en œuvre ici : inondations, vents, marées, modifications des niveaux du sol et des eaux. Et ces causes n'ont pas cessé de produire des influences. Aussi peut-on, historiquement et chronologiquement, relever les changements qui en sont résultés dans la configuration du pays et dire avec exactitude par quelles phases elle a passé.

Il y a un peu moins d'un demi-siècle, une commission spéciale fut chargée de cette étude. Ses travaux eurent pour couronnement la création d'un musée géologique néerlandais, établi à Haarlem, et complété depuis d'année en année. Ce fut le point de départ d'une théorie qui peut encore aujourd'hui être acceptée, et d'après laquelle la formation de la Hollande, comme sol, comprendrait trois périodes : 1° temps antérieur à l'existence du Rhin; 2° temps correspondant à l'irruption du Rhin; 3° temps de la constitution géologique actuelle de la Hollande.

Avant la formation du Rhin, la plus grande partie de la Hollande n'était qu'un vaste marais borné du côté de l'Allemagne par des roches crétacées et entassant dans son lit des coquillages marins, des os de baleines, de rhinocéros et de mammouths (2). Ces géants des âges préhistoriques avaient probablement ici leur habitat comme dans beaucoup d'autres régions, à moins que leurs squelettes n'y aient, avec les masses de granit et de gneiss formant les blocs erratiques, été charriés sur les banquises venant de Suède et de Norvège. Les Ardennes se dressaient alors

(1) On a pu s'étonner qu'un tel pays se rencontrât, et personne ne saurait le voir sans quelque surprise, tant est grand le contraste de sa physionomie tranquille avec les conditions violentes de son existence. Né d'une lutte séculaire entre l'Océan et les fleuves, déposé par des déluges successifs, tour à tour élevé, abaissé, emporté ou rejeté par la vague, travaillé encore aujourd'hui, sous nos yeux, par des altérations soudaines et profondes, sous la constante menace des débâcles, en butte à toutes les fureurs neptuniennes, le sol des Pays-Bas n'en garde pas moins l'apparence d'une inaltérable paix. (Daniel Stern, *Histoire des commencements de la République des Pays-Bas*.)

(2) Le Rhin, en aval de la ville prussienne d'Emmerich, se divise en deux bras : le *Waal*, à gauche, qui va se réunir à la Meuse au port Saint-André, puis à Gorcum; le *Rhin inférieur*, à droite, d'où se détache l'*Yssel*, qui s'écoule dans le Zuyderzée. Le deuxième bras du Rhin est le Leck, qui détache une branche vers Huyden, dans le Zuyderzée, le *Vécht*, et une autre vers Katwijk, dans le nord, le *vieux Rhin*. Entre le Waal et le Leck s'étend la région de la Betuwe, île des Bataves. (Lanier, *l'Europe*.)

comme un rempart entre la Hollande submergée et les lacs puissants dus en Allemagne aux flots stagnants. Il y eut un moment géologique — peut-être faut-il dire un siècle — où les eaux amassées brisèrent sous leur pression et leur effort le mur des Ardennes et formèrent le Rhin. La brèche existe toujours, et, sur un certain parcours du fleuve, les fragments de la roche éventrée se voyaient encore il y a quelque vingt ans. Quoi qu'il en soit, cette brèche ardennaise a constitué la première assise géologique de plusieurs provinces néerlandaises. Le sol de la Gueldre, de l'Overyssel, de l'île de Texel, est couvert de cailloux plats qui sont visiblement des débris de tous ces rocs basaltiques, granitiques et porphyriques encaissant le Rhin allemand.

Avec la naissance du Rhin prend fin la nuit des temps et commence l'histoire géologique positive de la Hollande. Les eaux dessinent et délimitent la physionomie des terres, et nulle part cette physionomie ne s'accuse autant que dans la formation du sol néerlandais. Celui-ci figure un triangle dont la mer est la base. En réalité la Hollande est un delta du Rhin, de la Meuse et de l'Escaut. C'est l'opinion énoncée par Napoléon Ier, lorsqu'il disait dans le décret du 5 juin 1806 : « La Hollande est située à l'embouchure des trois grandes rivières qui arrosent une partie considérable du territoire français, » pensée complétée par celle-ci, exprimée plus tard : « La Hollande n'est qu'une alluvion des rivières françaises, et par là même appartient de droit à la France. »

Or, les rivières ont dû soutenir, pour gagner ces alluvions, des luttes séculaires de l'eau douce contre l'eau salée, luttes qui durent encore. L'extension de ces alluvions n'a pas eu lieu sans de grandes résistances océaniques, mais cependant l'eau douce a commencé par avoir le dessus et elle a refoulé l'eau de mer, puis c'est le contraire qui s'est produit. Et l'on a vu le Rhin si bien vaincu par l'Océan que, pour le réconcilier avec celui-ci et le ramener dans le sein océanique où il doit naturellement se jeter, il lui a fallu l'aide de l'homme. Qui ne sait qu'au début de notre siècle le grand fleuve se perdait honteusement dans les sables (1). La Meuse a subi moins de changements, mais n'est pas restée non plus ce qu'elle était jadis. Dès le dix-septième siècle ses bouches se rétrécirent. En 1691 la flotte avec laquelle Guillaume III partit pour l'Angleterre se

(1) Le Rhin naît entre deux murailles de granit; il fait un pas et il rencontre à Andler, village roman, le souvenir de Charlemagne; à Coire, l'ancienne Curia, le souvenir de Drusus; à Feldkirch, le souvenir de Masséna; puis, comme consacré pour les destinées qui l'attendent par ce triple baptême germanique, romain et français, laissant l'esprit indécis entre son étymologie grecque Ρειν et son étymologie allemande *Rinner*, qui toutes deux signifient couler, il coule, en effet, franchit la forêt de la montagne, gagne le lac de Constance, bondit à Schaffhouse, longe et contourne les arrière-croupes du Jura, côtoie les Vosges, perce la chaîne de volcans morts du Taunus, traverse la plaine de la Frise, inonde et noie les bas-fonds de la Hollande et, après avoir creusé dans les rochers, les terres, les laves, les sables et les roseaux un ravin tortueux de deux cent soixante-dix-sept lieues, après avoir promené dans la grande fourmilière européenne le bruit perpétuel de ses vagues, qu'on dirait composé de la querelle éternelle du nord et du midi, après avoir reçu douze mille cours d'eau, arrosé cent quatorze villes, séparé ou, pour mieux dire, divisé onze nations, roulant dans son écume et mêlant à sa rumeur l'histoire de trente siècles et de trente peuples, il se perd dans la mer. Fleuve protée, ceinture des empires, frontière des ambitions, frein des conquérants, serpent de l'énorme caducée qu'étend sur l'Europe le dieu commerce, grâce et parure du globe, longue chevelure des Alpes qui traîne jusque dans l'Océan. (Victor Hugo, *le Rhin.*)

rassembla dans le port de Brielle, où l'entrée est aujourd'hui difficile pour un seul navire d'un certain tonnage. Il paraît d'ailleurs hors de doute qu'en 1606 et même en 1611 l'embouchure de la Meuse était quatre fois plus grande qu'actuellement. De même, l'Escaut a perdu de sa largeur à l'endroit où il va se déverser dans la mer. Ces changements ne se sont pas accomplis sans occasionner de grands troubles dans le régime des eaux. Il en est résulté des inondations toutes différentes de celles qui avaient signalé les époques précédentes. Tantôt elles ont fertilisé des régions sablonneuses, tantôt elles ont ensablé des terres fertiles.

II

La mer est pour la Hollande un ennemi plus redoutable que les fleuves. On en a la preuve dans ce fait incontestable que, par suite des emprises successives opérées par la mer, la terre est devenue, comme superficie, plus petite. Il y a en effet une vieille tradition qui affirme que dans les siècles passés on voyait fort bien, des côtes néerlandaises, celles d'Angleterre. S'il est vrai, comme le prétendent quelques savants, que l'Angleterre était à une époque maintenant ignorée reliée à la France, il est facile de comprendre que les bouleversements qui creusèrent le détroit entre Douvres et Calais ont dû entamer fortement les côtes de Hollande. Et on le remarque sans peine sur tout le rivage qui va d'Ostende à Haarlem et de Haarlem au Helder. Au reste, depuis les temps historiques, les barrières naturelles qui retiennent la mer se sont visiblement déplacées et resserrées. Des chaînes entières de dunes ont été englouties et cette destruction persiste encore d'une manière ininterrompue, tellement que l'on peut prévoir le moment où il n'y aura plus d'autre défense possible que les digues. Ajoutez que plus au nord, il a fallu recourir à ces murailles artificielles pour mettre un frein aux invasions océaniques. Nous avons dit que la Hollande avait la forme d'un delta, mais ce delta ne répond aucunement à tous les autres que l'on connaît. Au vrai, le Rhin, la Meuse, l'Escaut, qui déposent toujours leurs sédiments au même point géographique, ont dû former primitivement un promontoire ou une langue de terre analogue à ce qui se voit au Missisipi. Or, ce promontoire, on le chercherait vainement maintenant, la côte se recule et s'endente plutôt.

Dans ces collisions de la terre avec l'eau, les victimes humaines ont dû être incalculables. Les annales néerlandaises en citent des centaines, voire des milliers, villes emportées par les flots, maisons disparues, habitants noyés, sans qu'il ne restât aucune trace. Un de ces désastres eut lieu notamment le 18 novembre 1421. Sur un groupe d'îlots formé par les alluvions de la Meuse, s'élevaient 72 villages et bourgs. La rupture d'une écluse en submergea 35, dont il fut impossible de retrouver le moindre vestige, sauf le sommet d'un clocher. En notre siècle, des sinistres, non moins effroyables jetèrent la consternation en Néerlande.

Les écrivains latins ne font pas mention du grand golfe qui pénètre aujourd'hui si profondément dans les terres hollandaises. Des récits transmis oralement de génération en génération rapportent que dans l'antiquité la Frise se rattachait géographiquement à la Hollande. Il existe une carte dressée en 1584 par Abraham Ortelius, et qui donne la configuration du pays avant la formation du Zuyderzée. Ce pays était une vaste plaine comprenant divers lacs, parmi lesquels le Flevo, dont il est question dans Tacite. Ce lac résultait, suivant Pomponius Mela, des inondations du Rhin. Il était traversé par un fleuve de même nom, Flevum, qui se jetait dans la mer. Un jour l'Océan arriva jusqu'au lac Flevo, se grossit de ses eaux et entra encore plus avant dans les terres. Des documents authentiques et des versions de témoins oculaires attestent que le Zuyderzée ne se forma que plus tard. Ce qui semble aussi avéré, c'est que, par suite de ces mouvements contraires de la mer, les plantations qui se trouvaient au-dessous de son niveau furent fatalement ensevelies partout où les eaux n'étaient pas endiguées. En 1205, l'île de Wieringen, au sud du Texel, appartenait encore à la terre ferme, dont elle fut ensuite séparée par plusieurs inondations à des dates inconnues. En 1251, la séparation était complète. La mer envahit alors une région riche et peuplée qui s'étendait au nord du lac Flevo, entre Staveren en Frise et Medenblick en Hollande. Cette région fut totalement détruite en 1281, et trois îles seulement du Zuyderzée : Marken, Urk et Schockland, en rappellent le souvenir. Chose curieuse, les habitants de ces îles n'ont, au cours de six siècles, pas fait un pas dans la voie de la civilisation depuis cette catastrophe. Ils ont conservé non-seulement les mœurs, mais les costumes de leurs ancêtres et ils parlent une langue qui n'est comprise que d'eux seuls. Ce sont des fossiles vivants.

III

La Hollande est l'œuvre des Hollandais. Les premiers qui s'y établirent ne trouvèrent qu'un marais, ils durent littéralement séparer la terre de l'eau. Sans leur art et leur persévérance, jamais un pays comme l'est la Hollande actuelle n'aurait existé, et sans leur opiniâtre défense du bien acquis, les eaux auraient repris possession de sa conquête.

On peut diviser en trois périodes aussi les gigantesques travaux hydrauliques entrepris en Hollande. Les plus anciens sont ceux des digues qui ont arrêté la marche des eaux, ensuite on a fait les polders, puis, en dernier lieu, on a procédé par des moyens mécaniques au dessèchement des lacs ou mers intérieures.

Les populations primitives campaient sur des hauteurs ou collines artificielles, c'est-à-dire faites de main d'homme; mais les inondations les atteignirent souvent dans ces refuges. Aussi songea-t-on à mettre obstacle aux fleuves par des *dams* (digues construites). Ces dams remontent, croit-on, aux Cimbres. Le premier que l'on établit dans la Hollande méridionale fut celui des environs de Leyde, bâti dans la plaine pour empêcher les inondations du Rhin; ces travaux se perfectionnèrent successivement.

Nous n'entrerons pas ici dans des détails circonstanciés sur les polders. Ce sont des terres endiguées, d'anciens marécages entourés d'enclos, et ayant pour objet de débarrasser le pays des eaux intérieures. Ce système se développa avec les progrès de l'industrie et de l'agriculture. Dès le commencement du quinzième siècle, les moulins hydrauliques entrèrent en usage et en fonction. Ils s'élevèrent partout au milieu des campagnes qu'ils déchargèrent du superflu des eaux. « Lorsqu'on voit maintenant,

Alphonse Esquiros, cette terre créée et entretenue par la main de l'homme se couvrir l'été de gras pâturages, de fruits et de légumes, souvent même d'abondantes moissons, on ne saurait trop admirer les conditions de l'art qui ont changé un sol perdu sous les eaux en un jardin de plaisir et de fertilité. L'art des polders a fait à la Hollande une seconde nature (1).

Il restait, après l'assèchement des polders, à s'attaquer aux lacs intérieurs : le Beenister, le Purmer, le Shermer, surtout celui de Haarlem, à couper ensuite par une énorme digue la moitié du Zuyderzée, enfin à creuser des canaux. Tout cela est maintenant chose faite, ou bien près de s'achever, et ce qu'il y a de plus admirable dans cette victoire de l'homme sur la mer, c'est qu'elle n'inspire aucun orgueil à ceux qui l'ont réalisée. Il semble que ce fut pour eux une tâche toute simple, et en domptant la nature ils n'ont pas dérogé au calme qui est le fond de leur caractère et la marque de leur fermeté (2).

Charles Simond.

(1) Alphonse Esquiros, *Revue des Deux Mondes*, 1855.

(2) Quel peuple, celui qui, si petit, a *maintenu* : canaux, pilotes, digues, villes et villages par-dessus. *Je maintiendrai!* dit fièrement ce peuple héroïque. La mer l'assaille; il lui construit des falaises artificielles : *Tu n'iras pas plus loin!* Mieux encore, il lui dit : *Recule!* et demain il desséchera le Zuyderzée. Les fleuves débordent : il charge le vent de les renvoyer dans leur lit ou dans les canaux, et le vent obéit; et le moulin tourne, fouettant l'eau plus utilement que Xerxès. L'eau insiste, pénètre en brouillard, tombe en pluie, ternit et salit; il faut frotter et vernir sans repos. La plaine est monotone, triste, la plage morne, l'horizon effrayant; ils se créent des intérieurs bien clos, bien blancs, pleins de confort et de joie. Un rayon perce-t-il la brume, ils inventent le clair-obscur et donnent au monde Rembrandt. Leur langue est peu répandue, ils en parlent trois couramment. Leur territoire est trop petit, ils ont les Indes et vivent en bateau sur l'immensité même, sur cette eau qui était pour les submerger et dont ils ont fait le moyen, la raison d'être, l'esclave, la défense et la gloire de leur nation. (Jean Aicard, *Visite en Hollande* Paris, Sandoz.)

LE PALAIS DE LA REINE.

AMSTERDAM

I

Nous venons de franchir les écluses de Scheilinguride. Les grandes portes ont tourné sur leurs gonds énormes scellés dans le granit. Le sifflet s'est fait entendre et notre bateau s'est mis en marche, lançant dans les airs un joyeux panache de blanche fumée. Nous voilà au milieu de l'Y. Les rivages qui sont encore proches déroulent à perte de vue de verdoyantes prairies, émaillées de bestiaux noirs et blancs. Sur la droite, l'Oversoom et Nieuwendam semblent cacher leurs maisons noires et rouges dans les grands champs de colza qui les entourent. Plus hardi, le clocher relève sa tête, lance dans les airs son faîte pointu, et le moulin à vent tourne fixement ses grandes ailes vertes, qui craquent à chaque souffle qui passe. Puis c'est la pointe du Waterland, du pays de l'eau, qui s'avance dans le golfe et semble tendre la main aux jetées de Caviel et, par derrière, au pays de la Zaan avec ses myriades de moulins noirs, aux ailes jaunes et rouges, qui, dans l'éloignement, semblent une armée bourdonnante de gigantesques sauterelles, abattues sur la prairie sans fin.

Devant nous les « Yalks » ventrus, couchés sur le côté, laissant flotter leur « Zward », la voile brune gonflée par le vent, le pavillon tricolore en haut du mât, sillonnent en tous sens la plaine argentée. Les « Stoombooten » gagnent bruyamment l'entrée du Grand Canal, qui doit les mener à la pointe du Helder. Les bateaux roux, chargés de lait et de légumes dirigent vers la grande ville leurs montagnes de provisions, et les pêcheurs nonchalants, aux chemises rouges avec leurs vestes brunes, couchés sur le pont de leurs barques arrondies, attendent le milieu du jour pour franchir les écluses et commencer leur course aventureuse.

Au loin, la ville nous apparaît perdue dans une brume azurée d'une douceur extrême. Ses campaniles et ses clochers se dessinent à peine. Ses vingt mille pignons forment une immense bande noire qui borde l'horizon, et qu'on prendrait, à cette distance, pour une dentelle énorme plaquée sur un drap d'argent.

Bientôt nous longeons la digue de l'Est. Les bâtiments qu'elle abrite dressent leur forêt de cordages et de mâts. Derrière eux, les Docks de la marine royale profilent leurs longues silhouettes brunes, et le bruit de la ville, qui devient plus intense, commence à peupler l'air d'une joyeuse animation.

Mais notre bâtiment décrit une courbe savante. Tout à coup il fait face à la grande cité. Nous marchons droit sur elle et, à mesure que nous approchons, ses lignes se dessinent et ses contours s'accusent.

Le premier plan appartient de droit à une flottille de légers bateaux qu'on charge ou qu'on décharge. De petits vapeurs, prêts à partir, appellent, avec leur cloche joyeuse, le voyageur en retard. Les grues gémissent en enlevant les marchandises. Les tonneaux roulent sur le pont et les ballots s'engouffrent dans les écoutilles béantes. Puis, derrière, c'est le quai avec son animation, sa population particulière et son personnel à part. Les uns fument et causent, attendant qu'on les appelle au travail; les autres déchargent les voitures ou chargent les bateaux. Les omnibus passent, les camions s'arrêtent, les marchandises arrivent. On les entasse sur le quai, posément, tranquillement, méthodiquement, sans désordre et sans fièvre.

Plus loin, se dressent les maisons, longues, étroites, effilées et peintes en couleur sombre. Par leurs fenêtres sans nombre et toutes encadrées de blanc, elles semblent regarder les travailleurs et surveiller le port. Leur perron de granit, avec sa petite balustrade, les défend contre les indiscrétions du dehors, et l'entablement qui les surmonte, ombrageant leur sommet, prend les airs victorieux d'un panache de bataille. Entre elles, les canaux ouvrent de longues perspectives qui permettent au regard de fouiller jusqu'au centre de la ville. Alors l'œil, s'engouffrant dans ces longues avenues, s'en va chercher, dans un lointain vague et indécis, des profils d'une douceur exquise qui, perdus dans la vapeur bleuâtre, se confondent avec les nuages de l'horizon. A cette distance, les maisons, si longues auprès de nous, semblent se faire petites

HEERENGRACHT.

pour n'être point vues, et chaque coup d'œil lancé sur elles a l'air d'une indiscrétion. Les bateaux rebondis leur font un rempart mouvant de leurs longs mâts, qui balancent en l'air leurs pavillons multicolores, et ceux-ci figurent assez bien une armée de girouettes dont le moindre souffle entretient le frémissement perpétuel. Puis c'est un brouhaha joyeux, une suite de grondements cadencés indiquant l'activité et la vie, qui nous arrive par ces artères, comme ferait le sang courant à gros bouillons, et l'on se sent exister doublement, de sa vie propre d'abord, et puis de celle de cette cité turbulente dont chaque instant nous révèle davantage le caractère personnel et la puissante vitalité.

Mais bientôt les navires qui se rapprochent nous empêchent de fouiller les profondeurs des canaux. Le port avec son animation appelle de nouveau toute notre attention et occupe seul nos regards. Notre bateau ralentit sa marche et semble chercher une place propice pour pouvoir nous débarquer. Les mâts des vaisseaux, les portiques des ponts, le sommet des églises et le toit des maisons forment une ligne richement colorée qui tranche, par ses teintes sombres, sur la blancheur argentée du ciel. Au-dessus de ce chaos d'habitations brunes et titubantes, se dressent les campaniles, les tours, les dômes et les clochers peints en noir. Leurs formes étranges, bizarrement dentelées, orientales ou espagnoles pour la plupart, accrochent les rayons du soleil, et les carillons bruyants lancent dans les airs les refrains cadencés de leurs interminables chansons.

A mesure que nous approchons, le merveilleux spectacle de cette ville bruissante, agissante et vivante nous attache et nous charme. Curieuse cité ! il semble, à la voir pour la première fois, qu'on la connaisse depuis longtemps et qu'on l'ait déjà vue. Tout en elle est étrange, unique, original, et cependant rien ne choque, rien ne contrarie ni ne blesse.

Elle déroute de l'idée qu'on s'en était forgée et on l'aime mieux telle qu'elle est que comme on l'avait imaginée. Sa vie, à la fois bruyante et calme, tranquille et tumultueuse, attire, charme et retient. Elle exerce une sorte de fascination bizarre, et l'on comprend que ceux qui ont, dès leurs jeunes ans, appris à la connaître, l'aiment par-dessus tout et ne veulent jamais la quitter.

II

Au onzième siècle, quelques pêcheurs se groupent sur les bords de l'Amstel et y construisent leurs cabanes primitives. Les seigneurs du pays, pour protéger cette agglomération naissante, ou plutôt pour l'exploiter quand elle sera devenue riche et puissante, élèvent un château qui domine ces humbles demeures. Puis, pour défendre leurs nouveaux sujets contre les incursions des pirates de la Frise, ils les aident à bâtir des ponts, à construire des tours et à entourer la ville naissante d'une forte palissade. Au treizième siècle, la petite cité, qui a pris son essor, s'augmente chaque jour et se développe. La place est bien choisie, on y peut commercer avec les pays voisins et servir de trait d'union entre la Germanie, l'Angleterre et la Frise. Mais les *Kennemers* arrivent, la contrée est dévastée, les digues sont percées et l'inondation couvre le plat pays. Il faut se remettre au travail. C'est alors qu'on construit ce *Dam*, cette digue qui doit préserver la ville et la placer au-dessus des plus fortes tempêtes. Comme on a acquis de l'expérience et qu'on connaît les exigences de la navigation, les nouveaux quartiers que l'on bâtit sont édifiés rationnellement, d'après un plan sagement mûri et savamment ordonné. Rien n'est abandonné au hasard. Les canaux développent leurs courbes harmonieuses, qui aboutissent au port et donnent à la ville la forme d'un immense éventail.

Partout le *gracht* (1) se borde de quais, et les quais de maisons; partout des ponts larges et commodes facilitent la circulation, et les rues, qui, partant du centre, franchissent les ponts et traversent les canaux, viennent abréger les distances et rapprocher les quartiers les plus éloignés.

A mesure que la ville grandit en force et en richesse, elle augmente son étendue, elle s'adjoint des terrains, elle s'enveloppe d'une zone de constructions nouvelles; mais, fidèle au plan qu'elle s'est tracé, elle continue à se développer en demi-cercle, et, grâce à cette savante persistance, elle devient la ville maritime la plus logiquement construite et la plus commodément disposée. Elle aura beau dans l'avenir s'augmenter et s'accroître, chaque jour elle constatera l'excellence de sa position et ne renoncera point au plan qu'elle a adopté. Bientôt ses grandes destinées se font jour. Elle qui, dans le principe, ne devait être qu'un trait d'union entre l'Allemagne et le Nord, la voilà devenue le point commercial qui relie l'Occident à l'Orient, l'Europe à l'Asie japonaise et chinoise. Elle est le comptoir du vieux monde, la reine des mers, la maîtresse de colonies immenses. Mais cette prospérité inespérée n'altère en rien son développement logique, elle s'accroît toujours dans le même sens, de la même façon, et aujourd'hui encore, après sa fortune inouïe, si nous jetons les yeux sur elle, nous lui trouvons cette même forme, si sagement combinée, si intelligemment réfléchie, si logiquement voulue, et qu'avec une persistance merveilleuse elle ne consentit jamais à abandonner.

Débarquons au *Haringpakkerij*, prenons un des nombreux canaux qui s'ouvrent devant nous et dirigeons-nous vers le palais du roi, dont nous apercevons, dans le lointain, le pesant campanile.

Quel chemin vous plaît-il de suivre? Chacun de ceux qui aboutissent à l'Y nous conduit plus ou moins directement au but de notre course. C'est presque le cas de dire ici que tout chemin mène au *Dam*. Voilà le *Damrak*, voilà le *Singel!* Préférez-vous que nous allions gagner quelqu'un de ces grands canaux, le *Heerengracht* ou le *Prinsengracht*, canal des seigneurs, de l'empereur ou des princes, et que, par leurs quais ombragés et bordés de palais, nous prenions le chemin des écoliers? Non. — Vous choisissez le

(1) Nom donné en Hollande aux canaux des villes.

plus court. — Prenons donc le *Damrak*. C'est par son large bassin que l'Amstel écoule ses ondes dans la mer. Il nous mène tout droit à notre but. Mais avant de nous engager sur son grand quai de briques, jetons un dernier regard sur le port, que nous allons

PAYSANNES HOLLANDAISES.

quitter, et sur la ville, avec laquelle nous allons faire plus ample connaissance.

Là où se trouve ce petit kiosque, où fument ces cheminées de bateaux dragueurs, où des massues de fer enfoncent à grand fracas une forêt de pilotis, on voyait encore ces années dernières une construction bizarre et chancelante, édifiée au milieu des eaux, comme une habitation lacustre, isolée du reste de la ville et perchée comme un oiseau sur de grandes poutres noires. C'était la *Nieuwe-Stadsherberg*, hôtel (ou, si vous aimez mieux, auberge) fréquenté par les marins, chéri par les gens de mer. Jadis, elle avait une grande importance. Avant l'invention de la vapeur, et surtout à l'époque où Amsterdam était fortifiée, située en dehors de la

LES ALENTOURS DU QUARTIER JUIF.

ville et au milieu du port, cette auberge pittoresque était le rendez-vous de tous les voyageurs, qui venaient attendre là qu'un vent favorable leur permît de prendre la mer. Le vent s'élevant souvent au milieu de la nuit, ils pouvaient s'embarquer et partir de suite, ce qui leur eût été impossible s'ils eussent habité l'intérieur de la ville, dont les portes demeuraient fermées du coucher au lever du soleil. Plus tard, la *Nieuwe-Stadsherberg* était devenue le plus curieux belvédère qu'on pût souhaiter pour bien voir ce port superbe et son incessante animation. De tous côtés, les *stoombooten*, les frégates et les bricks, les *tjalks* pesants, les *koffen* rebondis, les *botters*, les *schokkers*, les chaloupes et les barques ; et puis, sur les quais, cette émotion bruyante, cet entrain, cette agitation sans fin ; les hommes qui passent, les voitures qui roulent, les gens qui causent. Combien d'heures, à la fois occupées et oisives, se sont écoulées pour les hôtes de la *Nieuwe-Stadsherberg* à contempler ce superbe tableau ! A leurs pieds, on venait s'embarquer pour Purmerend et le pays de la Zaan. Ils voyaient défiler les paysannes au casque d'or, et les enfants chagrins de quitter si vite Amsterdam ; les paysans vêtus de noir et les maîtres de moulin toujours pressés et empressés de quitter la grande ville, affairés, préoccupés, lisant le *Handelsblad*, ou discutant sur le change et les cours. Et puis, au loin, derrière les voiles rouges et blanches, il apercevaient les prairies éternellement vertes du Waterland, les clochers des villages, Zaandam et ses moulins.

Aujourd'hui cette auberge, unique en son genre, a complètement disparu. C'est encore un des sacrifices que la Hollande pittoresque a dû faire au progrès. Messieurs les ingénieurs sont venus. Ils ont sondé la mer. Ils ont mesuré, calculé la pesanteur des matériaux, supputé la résistance du fond. Les travailleurs se sont mis à l'ouvrage. On a planté des pilotis, entassé des fascines, apporté de la terre, construit des murs de brique et de ciment. Et bientôt, au milieu de cette plaine liquide, on a vu se dresser une gare de chemin de fer, une gare gigantesque, qui met en communication le Nord et l'Est, l'Ouest et le Sud, l'Allemagne, la Belgique et la pointe du Helder.

Où les pêcheurs entêtés et patients jetaient, hier encore, la pesante ligne de fond, on entend le sifflet des machines, et la fumée des locomotives remplace les tourbillons que lançaient les bateaux à vapeur.

Maintenant venez sur le milieu du pont, et tournons nos regards du côté de la ville. Admirons un instant ce large canal. Tous ces bateaux qui s'entassent, tous ces mâts qui se dressent, et les pavillons qui flottent au vent, lui donnent un aspect vraiment féerique. D'un côté, les maisons baignent leurs pieds dans l'eau. C'est un des rares quartiers d'Amsterdam où les quais fassent parfois défaut. Mais de l'autre aussi la foule se dédommage, et voyez comme elle se presse affairée et remuante sous les grands arbres verts. Tout le long du pavé de briques, protégées par des bornes de granit et des chaînes de fer, les boutiques s'alignent, se serrent les unes contre les autres et semblent se faire petites pour tenir moins de place. Elles renferment toutes les provisions nécessaires au *schipper* et reçoivent de la mer une partie de leurs approvisionnements. Aussi l'on va des boutiques aux bateaux et des bateaux aux boutiques, et les uns et les autres, boutiques et bateaux, sont tellement soignés, lavés et cirés, si bien entretenus, si fraîchement peints, en un mot si *nets*, comme on dit en Hollande, et si propres, qu'on les croirait construits d'hier, alors qu'ils ont cependant bien des lustres d'existence!

Deux ponts coupent le *Damrak* au tiers de sa longueur, et ce petit bâtiment, auprès du pont-levis, est la Bourse aux grains. C'est là que les spéculateurs s'assemblent et que meuniers et boulangers viennent faire leurs achats. On tire les petits cornets de sa poche, on fait rouler le froment doré dans le creux de sa main, on le regarde, on le soupèse, et l'on achète ou l'on vend (1). Au fond, ce vaste édifice à toit plat, à lucarnes et à pilastres, sombre, froid et sévère, c'est la grande Bourse, la Bourse aux valeurs. A voir ce grand bâtiment, si massif, si fermé et si triste d'aspect, on ne soupçonnerait guère sa destination. On croirait voir un tombeau plutôt que le temple de la spéculation. Un tombeau! Hé! mon Dieu, l'image n'est-elle point juste? Que de fortunes sont venues s'anéantir en ce lieu, que de capitaux s'y sont engloutis pour jamais! L'épargne de la Hollande y a subi de bien rudes saignées, surtout dans ces années dernières! Les Espagnols et les Américains en savent quelque chose.

Maintenant, suivons le quai, longeons les magasins, évitons les lourds chariots, marchons sur la bande de brique qui borde la chaussée, et dirigeons-nous vers la Bourse. Une fois que nous y serons arrivés, nous n'aurons qu'un pas à faire pour être au milieu de la place du *Dam*.

Tout d'abord, c'est le palais du roi qui frappera nos regards. Sa grande masse impose. Et quand on réfléchit qu'il a été construit sur un sol incertain, qu'on a dû le consolider avec treize mille sept cents pilotis; quand on songe que chacune des pierres énormes qui en composent les assises a dû être amenée de pays lointains, que c'est la Suède et la Norvège qui ont fourni la forêt sur laquelle il repose, on se sent pris d'une sorte de stupéfaction admirative et de respectueuse déférence pour ce petit peuple capable d'aussi gigantesques efforts.

Le palais du Dam est du reste célèbre parmi les architectes. Sa grandeur et sa masse, sa régularité et ses nobles proportions le placent au rang des monuments modernes les plus remarquables,

(1) Cet établissement fut reconstruit en 1728, tel que nous le voyons aujourd'hui. Jadis il avait une importance qu'il n'a plus maintenant, et les transactions qui se faisaient dans ce petit local étaient énormes. Amsterdam, en effet, fut pendant longtemps le grenier du nord de l'Europe. « Cette ville, dit Walter Raleigh, a toujours dans ses magasins cinq à six millions de boisseaux de blé dont pas un seul grain n'est poussé en Hollande ; et une année de famine, dans un autre pays du continent, enrichit les Pays-Bas pour sept ans. » Luzac, dans son livre intitulé *la Richesse de la Hollande*, s'exprime presque dans les mêmes termes que sir Walter Raleigh : « Que la disette règne dans les quatre parties du monde, dit-il en terminant, vous trouverez à Amsterdam du froment, du seigle et d'autres grains. Ils n'y manquent jamais. »

et si l'on ne peut s'empêcher de trouver, avec M. Quatremère de Quincy, que l'emploi des deux ordres (corinthien et composite) qui s'étagent sur sa façade « et présentent le même système de proportion et le même style de décoration » est empreint d'une certaine monotonie, il faut reconnaître que l'ensemble de ses lignes est fort imposant et ne manque pas d'une indiscutable majesté.

ACHTERBURWAL.

Sur un vaste soubassement, s'élèvent deux ordres de pilastres de même hauteur. L'ordre inférieur porte le chapiteau composite; l'ordre supérieur, le chapiteau corinthien. Chacun de ces deux ordres renferme deux étages, marqués chacun par une rangée de fenêtres, celles de la rangée supérieure étant, comme hauteur, juste la moitié de celles qui sont en dessous. Entre ces grandes et ces petites fenêtres sont sculptés des festons isolés. Au milieu de la façade, se dresse un avant-corps que couronne un tympan tout rempli de figures en bas et haut-relief. Ces figures représentent

Amsterdam, qu'entourent le dieu des ondes et ses dévoués sujets, Neptune, avec ses fougueux tritons, ses chevaux marins et ses blanches naïades. Sur les acrotères du fronton, s'élèvent trois statues allégoriques, et, derrière elles, un campanile un peu lourd

HÔTEL DE LA SOCIÉTÉ « FELIX MERITIS ».

arrondit son petit dôme, soutenu par huit arcades cintrées et huit demi-colonnes. Un vaisseau en girouette tourne au-dessus de la lanterne. Un grand cadran doré marque l'heure officielle. Et le carillon babillard, hôte inévitable des clochers hollandais, entonne à chaque quart d'heure une chanson nouvelle, dont les notes se perdent dans le bruit de la cité.

Vous le voyez, c'est un grand, un noble, un beau monument.

Malheureusement il lui manque une porte. Sept petites entrées donnent accès sur la place, mais si étroites, si timides, si réservées, qu'on songe à peine à les remarquer, et qu'on cherche malgré soi la porte monumentale qui devrait compléter cette majestueuse et superbe façade.

Le *Dam*, lui non plus, ne répond pas à la splendeur du palais. La place, en effet, est tout irrégulière. Ses maisons n'ont rien de grandiose ni de bien remarquable. Il en existe, à travers la ville, des centaines qui ont une physionomie plus noble, une tournure plus élégante et surtout un plus grand air. Les seules qui méritent quelque attention datent de ces temps derniers et ont été, pour ainsi dire, construites sous nos yeux. L'une est la demeure d'un marchand de tabac, et l'on pourrait l'appeler le *Temple des cigares*. Au dehors,

Ce ne sont que festons, ce ne sont qu'astragales !

A l'intérieur, les boîtes de cigares s'entassent sur les comptoirs de marbre et grimpent, le long des colonnes de bronze, jusqu'aux corniches sculptées et aux lambris dorés. Dans les autres maisons, nous trouvons installés deux grands cercles, deux *societeit*, comme l'on dit en Hollande. La première, qui est aussi la plus ancienne, s'appelle le *Zeemanshoop*, l'espoir des marins. Comme son nom l'indique, elle est le rendez-vous des personnes qui vivent de la mer et sur mer : négociants, exportateurs, armateurs, assureurs maritimes, courtiers et capitaines. L'autre, qui se nomme le *Groote-Club*, le grand club, ouvre ses portes hospitalières à l'aristocratie industrielle et à la jeunesse dorée.

De l'autre côté de la place, nous apercevons, dominant les maisons d'alentour, les grandes et nobles lignes de la *Nieuwekerk*. C'est une des plus belles églises qui soient dans les Pays-Bas. Ses soixante fenêtres lui donnent un aspect de légèreté et de sveltesse que ne démentent ni la beauté ni la grâce de ses ogives élégantes. On ne dirait point, à voir sa simple et délicate ornementation et la pureté de son style, qu'elle fut commencée en 1404 et qu'elle ne fut achevée qu'un siècle plus tard. Elle repose, elle aussi, sur une véritable forêt. Six mille pilotis supportent les cinquante-deux colonnes qui soutiennent ses voûtes et les charpentes de son toit.

Un peu plus loin, et du même côté, voici la Bourse. Étant sur le *Damrak*, nous avions déjà contemplé sa masse pesante et sans beauté. La façade, qui règne sur le Dam, n'est guère plus heureuse. Ce sont deux grands murs nus et froids, entre lesquels s'ouvre un vaste péristyle. En sorte que si l'on peut dire que le palais est une maison sans porte, on peut ajouter, par contre, que la Bourse est une porte sans maison. C'est dans ce gouffre béant qu'à trois heures sonnantes les négociants de la cité, les banquiers et les spéculateurs, les armateurs et les *schippers* se plongent à corps perdu et disparaissent.

Aussitôt que l'heure sonne, on les voit accourir de tous les coins et de tous les points, marchant droit devant eux, sans mot dire, pressés, affairés, sérieux comme des gens qui vont accomplir un devoir, remplir un sacerdoce. Puis, le temps venu, ils sortent de la même façon, gagnent les rues adjacentes, la *Kalverstraat,* la *Damstraat* ou le *Rokin,* et disparaissent comme ils sont apparus, toujours pressés, sérieux, soucieux, silencieux et affairés.

Commençons notre course à travers les rues. La première qui s'ouvre devant nous, c'est la *Kalverstraat.* Son nom n'est point d'une euphonie parfaite (1). Mais cela ne l'empêche pas d'être à la fois le boulevard des Italiens et la rue Vivienne d'Amsterdam. C'est en effet la voie la plus passante et la plus peuplée de toute la cité. C'est le rendez-vous des étrangers, des curieux et des flâneurs. C'est là que les industries de luxe étalent les splendeurs importées de Paris et de Londres; c'est là que les restaurants et les cafés sont les plus élégants et les mieux fréquentés. C'est le passage des banquiers qui se rendent à la Bourse et la promenade des demoiselles qui cherchent un banquier.

Comme la place Saint-Marc, la *Kalverstraat* a le privilège de n'être jamais déserte. A quelque heure que vous la traversiez, soit de jour, soit de nuit, vous y verrez du monde. Ce n'est guère que de trois heures à cinq heures du matin qu'elle est à peu près vide, et encore, pendant ce temps de repos, le bruit d'une voiture, le chant d'un noctambule ou le pas pesant d'un ivrogne attardé qui regagne sa demeure troublent de loin en loin le silence de la nuit. A cinq heures, les balayeurs commencent leur poudreuse besogne, puis ce sont les servantes accortes qui lavent les trottoirs et savonnent les maisons; à huit heures, les orgues et les chanteurs prennent possession de vos oreilles, en même temps que les omnibus, les voitures et les chariots commencent leur défilé. A partir de ce moment, l'animation la plus active et la plus bruyante ne cesse de régner dans la *Kalverstraat.* Mais c'est surtout entre trois et cinq heures de l'après-midi, au moment de la Bourse, et le soir, entre huit et onze heures, après la fermeture des magasins, qu'elle arrive à son comble. En été, quand le temps est favorable, la rue est pleine à ne pouvoir s'y tourner. Les cafés débordent dans la rue et la foule dans les cafés. On va, on vient, on s'agite, on se bouscule, les badauds le nez aux vitres des magasins, les boursiers et les gens d'affaires au centre de la chaussée. Il y a là un mouvement, une agitation que vous ne retrouverez nulle part en Hollande, et qui fait qu'Amsterdam est bien la vraie capitale de cet industrieux pays.

Pour tant d'activité, cependant, la *Kalverstraat* est singulièrement étroite. A peine a-t-elle dix à douze mètres de large dans ses parties

(1) *Kalverstraat* signifie rue des Veaux.

les plus favorisées, et encore, de loin en loin, une maison protégée par des bornes de pierre et par de grosses chaînes de fer, ou bien précédée par un petit perron de granit, vient-elle, en supprimant le trottoir, diminuer singulièrement la largeur de la rue. Elle n'est pas non plus fort régulière ni parfaitement alignée; en outre, elle décrit des courbes bizarres, que lui impose son parallélisme à l'Amstel. Ses maisons n'ont rien de majestueux, surtout dans la partie qui avoisine le Dam. Elles sont, pour la plupart, étroites et étriquées. C'est à peine si de ce côté on en compte quatre ou cinq qui aient une certaine tournure. Il ne manque point dans Amsterdam de rues plus larges et mieux percées, mais c'est à celle-là que le public a donné sa préférence, et c'est à elle qu'il l'a fidèlement conservée. Entrons donc et parcourons-la.

ENTRÉE DE L'ORPHELINAT BOURGEOIS.

Dès le principe, vous pouvez voir que je n'ai rien exagéré. A droite et à gauche, ce sont des bijoutiers et des orfèvres, des libraires et des papetiers, des restaurants et des cafés. Partout des industries de luxe. Nos yeux s'arrêtent en outre sur quelques enseignes bizarres et particulières au pays. La tête de bois, peinte et dorée, avec l'œil écarquillé et la bouche ouverte, portant le casque ou le turban, nous indique la maison d'un *apotheker*. En Hollande, toute *apotheek* (1) qui se respecte a sa porte surmontée d'un semblable ornement. Son origine et sa signification, je ne

QUARTIER JUIF. — LA RUE AUX PUCES.

saurais vous les dire, mais l'usage est général, et, en outre, il est fort ancien.

Cette couronne royale, toute chargée de drapeaux et de fleurs, qui se balance au-dessus du trottoir, nous révèle également la

(1) En Hollande, on donne le nom d'*apoteek* aux pharmacies, drogueries et magasins de produits chimiques.

présence d'un commerce local, mais nous indique une plus stomachique industrie. Nous sommes en face de ce qu'on appelle un *oesterhuis*, mot qui signifie littéralement « une maison d'huîtres ». et que nous traduirons, si vous le voulez bien, par cette périphrase de « maison où l'on mange des huîtres ». A proprement parler, cette boutique est celle d'un marchand de poisson. Car, outre les huîtres, on y vend du saumon frais ou fumé, des sardines de France, des harengs conservés et aussi des harengs frais.

Presque en face du poissonnier, voyez-vous cette grande façade grise, portant, en guise d'épigraphe, ces trois mots latins : « Doctrina et Amicitia? » C'est un cercle. Plus tard, nous ferons connaissance avec ce que les Hollandais appellent leurs *societeit;* aujourd'hui que nous faisons partie du public, l'accès nous en est interdit. Sachez seulement que c'est là le rendez-vous des gros négociants de la cité. Ils y viennent à quatre heures et aussi le soir. A quatre heures, en sortant de la Bourse, c'est pour prendre l'*amer*, le *bittertje*, comme on dit. Le soir, on cause, on lit les journaux et surtout l'on fait partie. Les choses se passent ainsi depuis 1788, car c'est pendant cette année-là que le cercle fut fondé, ou plutôt qu'il fut restauré. Il existait, en effet, depuis quelques années déjà; mais, société plus politique que commerciale et surtout très patriote, il avait été fermé en 1787, quand les Prussiens vinrent à Amsterdam rétablir l'ordre et le prince d'Orange. Le bâtiment actuel, lui, ne date que de 1802.

Après « Doctrina », vient toute une série de cafés. Ils tiennent les deux côtés de la rue, et tous portent des noms sinon étranges, du moins fort étrangers. C'est le café Polonais, le café Suisse et le café Français; puis vient le café Neuf, qui dans quelques années sera vieux, mais ne changera pas de nom pour cela. Voici maintenant les éditeurs d'estampes et de musique, les fleuristes, les chemisiers et les tailleurs. Ces derniers surtout sont nombreux.

Continuons notre route, inspectant les boutiques et les passants. Evitons toutefois de laisser nos regards fouiller ces ruelles suspectes qui, de chaque côté, déshonorent la *Kalverstraat*.

Une petite ruelle, sur laquelle il nous faut jeter les yeux, c'est celle que vous apercevez à droite. Remarquez ce gracieux et curieux portique qui donne accès dans une grande cour entourée de galeries. C'est l'entrée de l'orphelinat bourgeois de la ville (*Burgerweeshuis*). Ces amusants bas-reliefs rehaussés en couleur qui surmontent la porte et ornent les murailles représentent les orphelins dans leur ancien costume. Il était mi-parti, moitié rouge et moitié noir. Ce sont, comme vous savez, les couleurs d'Amsterdam. Cela faisait un effet assez étrange. Aujourd'hui encore, l'accoutrement de ces pauvres enfants ne laisse pas que de surprendre les étrangers ; car, s'il a abdiqué ses formes antiques, on lui a conservé les couleurs éclatantes qu'il possédait autrefois. Le costume des garçons, qui s'est tout à fait modernisé, jure surtout avec les nuances qui le composent. Celui des filles, qui est demeuré à peu près intact, est singulièrement plus harmonieux. Comme au temps passé, elles portent une robe à basques et à manches courtes, divisée par moitié dans sa longueur, d'un côté noire et de l'autre rouge. Un fichu couvre leurs épaules; un petit bonnet rond en mousseline et guipure, retenu par deux épingles d'or, cache leurs cheveux, relevés à la chinoise; des gants blancs montant jusqu'au coude et un petit tablier complètent cet accoutrement certainement fort étrange, mais qui ne manque ni de caractère ni d'une certaine élégance pittoresque.

Ajoutez à cela que la plupart de ces fillettes sont fraîches et roses, et que beaucoup sont jolies comme des amours.

A rencontrer ces enfants un à un dans la rue, on est surpris de l'anachronisme de leur tenue, mais quand on les voit réunis ensemble, c'est bien autre chose. A la promenade, lorsqu'ils vont à l'église, filles et garçons, fraternellement mêlés, forment de longues files de deux couleurs qui font le plus singulier effet. Chez eux, quand ils jouent, dans leur préau, c'est tout pareil. On se croirait transporté en arrière de deux siècles au moins.

Jadis l'orphelinat bourgeois était de l'autre côté de la *Kalverstraat*. Il occupait l'emplacement sur lequel s'élève aujourd'hui une auberge de qualité nommée la couronne royale (Keizerskroon). C'est là qu'il fut fondé dans les premières années du seizième siècle par une sainte fille, appelée Hester Klaas. En 1580, le nombre des orphelins bourgeois s'étant accru au delà de toute prévision, on dut abandonner l'établissement devenu trop petit, et les pauvres enfants traversant la rue allèrent habiter le couvent de Sainte-Lucie, où ils sont demeurés depuis ce temps.

Tout à côté de leur ancienne demeure, ces grandes baies ogivales, ces énormes verrières et cette petite flèche qui semble vouloir percer le ciel nous indiquent la présence d'une église. C'est, en effet, un temple protestant. Il porte deux noms. Pour les réformés, c'est la chapelle du nouveau côté de la ville (*Nieuwezijds Kapel*). Pour le clergé catholique, pour les fidèles romains, c'est le saint lieu (*Heiligestede*).

Jadis, en effet, cette église fut élevée par la ferveur des catholiques sur un emplacement béni, qui avait été signalé à leur piété par toute une série de saints prodiges.

Regagnons la *Kalverstraat* et continuons notre chemin. Ici le terrain s'ondule, se courbe en dos d'âne, et il nous faut franchir un pont. C'est le *Spui* qui passe sous nos pieds, c'est-à-dire le canal qui jadis servait à l'écoulement des eaux de la ville. Les maisons, qui s'écartent brusquement pour faire place à l'élément humide, nous accordent à droite et à gauche une petite échappée. Le soir, quand la lune se mire dans les canaux d'Amsterdam, ce petit point de vue ne manque pas d'une certaine poésie mélancolique. Malheureusement, on ne peut s'y arrêter bien longtemps. La rêverie, à laquelle on voudrait s'abandonner, est en effet brusquement troublée par un effroyable tapage. D'une maison voisine s'échappent les braiements discordants d'un affreux orchestre de bal. Le

GROENBURGWAL. AU FOND, LA ZUIDERKERK.

trombone mugit, le violon grince, la grosse caisse ronfle et le piston résonne. Le plancher, ébranlé par les pieds des danseurs, gémit en cadence et marque la mesure. Cet affreux réceptacle de cacophonie porte un nom bien étrange, il s'appelle « Harmonie ». C'est bien certainement par antiphrase qu'on l'aura nommé de la sorte

La *Kalverstraat* est du reste la rue *harmonieuse* par excellence. A ses deux extrémités se trouvent de bruyants carillons ; au centre est le fougueux orchestre que nous venons d'entendre; le jour, les orgues y font vibrer leurs accents nasillards, et le soir, dès que le gaz a remplacé la lumière du ciel, il est bien rare que quelques

ENTRÉE DE LA KALVERSTRAAT.

chanteurs avinés ne s'y donnent pas rendez-vous. A mesure que la soirée s'avance, l'*harmonie* se corse. Au chanteur solitaire succèdent bientôt des groupes non moins mélodieux, dans lesquels les voix féminines forment le fausset. Tout cela glapit à l'unisson quelque refrain banal ou quelque chanson égrillarde, jusqu'au moment où un effroyable accordéon vient marquer le pas et guider les nocturnes musiciens dans leurs discordantes vocalises; cela dure jusqu'à trois heures du matin. Oh! nuits sans sommeil que la *Kalverstraat* m'a coûtées, je n'ai garde de vous oublier!

Avançons sur le *Botermarkt*, aujourd'hui tranquille et presque désert. Cette interminable rue qui s'ouvre sur notre droite, c'est l'*Utrechtstraat*, et au bout, cette coupole grise, surmontée d'un génie et entourée de clochetons, de campaniles, d'aiguilles et de pinacles c'est le *Paleis voor Volksvlijt*, autrement dit, le Palais de l'Industrie.

Devant nous, voici l'*Amstelstraat*, qui n'aurait rien de bien remarquable, n'étaient les deux théâtres qu'elle renferme.

Le *Botermarkt* et l'*Amstelstraat* sont, pour ainsi dire, les postes avancés du quartier juif, où maintenant nous allons pénétrer. Le personnel des deux théâtres, ainsi que les bouquinistes de tout à l'heure, sont presque exclusivement des enfants d'Israël, et, pour peu que vous laissiez flâner votre regard dans les ruelles qui nous entourent, vous pourrez remarquer que les nez accentuent leur courbure d'une façon tout à fait particulière.

Bien que les juifs d'Amsterdam n'aient jamais été enfermés dans un *ghetto*, comme cela se pratiquait, il y a peu de temps encore, en Allemagne et dans bien d'autres pays, ils ont cependant adopté un quartier qui, de nos jours, a conservé une physionomie toute spéciale. C'est dans ce quartier que nous allons entrer après avoir traversé l'Amstel.

Tout en franchissant la rivière, regardez les larges façades et les longues cheminées qui s'élèvent sur l'autre rive. Ces belles usines, qui baignent leurs pieds dans la rivière, sont des tailleries de diamants. Exploitée de père en fils par une population industrieuse et d'une habileté surprenante, la taille des diamants est une des richesses de la ville d'Amsterdam, et c'est pour l'ouvrier un des métiers les plus productifs qui soient. Cette intelligente industrie est presque entièrement entre les mains des juifs. Ceux-ci ont su en faire une sorte de monopole, qui se concentre dans un nombre limité de familles. Les difficultés considérables que présente ce travail tout spécial, la longueur de l'apprentissage, les aptitudes particulières qu'il exige, permettent à l'ouvrier d'éloigner tous ceux qu'il ne veut pas initier aux secrets de sa lucrative profession. Aussi, quand le travail est abondant, l'ouvrier est-il le maître de fixer lui-même son salaire. C'est dire qu'en tout temps celui-ci est fort élevé (1).

Cette fois, nous voilà en plein dans le quartier des juifs. Certes il n'y a pas à s'y tromper, car sa physionomie est bien particulière. Grâce à ses habitants, en effet, nous retrouvons, en plein

(1) En 1872, les salaires des ouvriers tailleurs de diamant se sont, dans le courant de l'année, élevés de 100 à 200 %. (*Verslag over den toestand van handel, scheepvaart en nijverheid te Amsterdam*, année 1872.) — En 1873, le salaire d'un ouvrier ordinaire était de 100 florins (210 francs) par semaine; les bons ouvriers pouvaient gagner le double.

cœur d'Amsterdam, l'Orient et son activité turbulente. A ne considérer que les gens qui sont là, on se croirait plutôt à Stamboul ou au Caire que sur les rives de l'Amstel. Il faut, en effet, à tous ces enfants d'Israël, la vie en plein air, l'existence extérieure. Ils oublient le ciel gris, la pluie et les giboulées, le brouillard et le vent froid du nord, pour se prélasser dehors, au seuil de leurs maisons. Aussi voyez comme la rue est pleine. Les boutiques installées en plein vent ont l'air d'une foire perpétuelle, et les étalages envahissent la chaussée.

La foule qui va et vient, qui crie et se coudoie perpétuellement, a tous ces signes extérieurs dont nous parlions tout à l'heure. Ce sont des doigts et des nez crochus, des cheveux crêpus, des yeux pleurards; en un mot, des gens chassieux, teigneux et malpropres. A chaque instant, c'est un vieillard à la barbe inculte, au dos voûté, à la bouche de travers, qui vous frôle, glapissant son horrible réclame; c'est quelque femme à l'embonpoint suspect, à la figure boursouflée par une graisse malsaine, qui vous barre le chemin. Un faux tour, fait de crin ou de soie, cache ses cheveux et la rend encore plus répugnante. Toutes s'enlaidissent, aussitôt leur mariage, de ce ridicule et sale ornement. C'est à peine si, dans les deux cents qui sont là, nous en rencontrons une qui ait quelque apparence de beauté, et pourtant il s'est trouvé des auteurs pour vanter le type des juives amsterdamoises. Ces affreuses commères forment, avec les négociants de la rue, le personnel de la scène burlesque qui se déroule sous nos yeux pendant qu'accoudés aux fenêtres et aux portes, étalés sur les perrons ou grouillant dans le ruisseau, jouissant du spectacle de la rue et en aspirant les senteurs nauséabondes, une foule d'enfants sales à faire peur, les cheveux emmêlés, couverts de haillons, crasseux et pouilleux, en semblent être les comparses.

Quel amas de choses innommées, et aussi quel étrange amalgame que celui de toutes ces industries juxtaposées dans le plus curieux désordre! Marchands de défroques humaines et marchands de comestibles, négociants en vieux meubles et frituriers de bas étage, tout cela est rassemblé dans un pêle-mêle incroyablement pittoresque.

Ici c'est un vieillard à la barbe blanche, au regard visqueux, qui étale une garde-robe ci-devant luxueuse, dont la soie est sans reflet et les plis sans couleur.

Qui nous dira par quelles voies détournées cette robe de bal est arrivée, souillée, éraillée, maculée, jusqu'à cette horrible échoppe; quelle taille elle a serrée, quelles épaules elle a entourées de sa brillante garniture? Derrière cet éventail brisé s'est dissimulé plus d'un sourire, et ce chapeau rose aplati a touché jadis des cheveux parfumés. Ressuscitez par la pensée les formes gracieuses qui ont animé toute cette défroque. Ressuscitez aussi tous les vaillants guerriers dont nous voyons la dépouille : grenadiers, artilleurs, chasseurs et fantassins, dont voici les schakos éculés, les casques de rebut et les bonnets de police mangés aux vers, jadis vous avez fait battre bien des cœurs! *Naatje* et *Toontje*, *Lotje* et *Kaatje* vous ont adressé de tendres regards et d'amoureux sourires. Qu'êtes-vous devenus, brillants séducteurs?

Mais continuons d'avancer au milieu des débris de toutes sortes et des produits suspects. Voilà maintenant un friturier de la pire espèce; celui-là, il n'est guère besoin de nos yeux pour apprécier

LA TOUR DES PLEUREUSES.

ce qu'il vend, les narines suffisent. Tout à côté, c'est un étalage d'estampes encadrées, de miroirs et de faïences neuves. Plus loin, sur une brouette, un concurrent promène des porcelaines d'occasion (quelle occasion!), ébréchées, fêlées et fendillées, des cannes à épée et des carcasses de parapluie. Puis ce sont les poissons séchés et les bonnets de tulle, les statuettes de plâtre et les comestibles les plus extraordinaires, concombres confits, fromages verts et foies de veau fumés, dont les âcres émanations nous prennent à la gorge. Au milieu de tout cet attirail le *sur* trône en maître, et, de toutes parts, des cris stridents, des discussions terribles pour un *cent* ou moins encore nous écorchent les oreilles et nous brisent le tympan.

Notez que l'industrie de ce curieux quartier ne se concentre pas dans la rue; à tous les étages, de ces longues maisons se trouvent des négociants d'occasion, des industriels au petit pied qui, tout le jour, produisent et trafiquent, ceux-ci dans le neuf, ceux-là plus

NIEUWE MARKT (NOUVEAU MARCHÉ).
AVEC SINT ANTHONIS WAAD.
(Porte Saint-Antoine.)

nombreux dans le vieux. Raccommodeurs d'horloges fêlées. monteurs et démonteurs de bijoux, banquiers à la petite semaine, prêteurs sur gages, fabricants de lorgnettes, tous ces métiers-là foisonnent aux alentours. Regardez plutôt les enseignes qui surmontent les portes et décorent les façades, précédées pour la plupart d'un verset en hébreu. Ici, il n'est même pas besoin de chercher pour trouver. Tout s'offre à vous, surtout ce qu'on ne souhaite guère. Lisez plutôt le nom de cette rue qui s'ouvre sur notre gauche : *Vlooijenburgerstraat;* cela signifie, littéralement traduit : rue du Bourgeois aux Puces, ou, si vous aimez mieux, tout simplement : rue aux Puces. Vous voilà édifié sur le sort qui vous attend, si vous y pénétrez. Au bout de cette ruelle, sur l'autre rive du canal, s'étend tout un îlot de maisons qu'on nomme le *Vlooijenburg* (château ou bourg aux Puces), et cela semble naturel à tout le monde. La Haye ne renferme-t-elle pas dans son quartier juif une voie qui se nomme la rue aux Poux?

Ce n'est pourtant pas là le côté le plus mal hanté et le plus négligé du quartier juif. Pour voir ses vrais cloaques, que la propreté hollandaise rend plus choquants encore, il nous faudrait appuyer sur la droite. Là, nous trouverions, dans des ruelles immondes, décorées de loques sordides qui sèchent au bout d'un bâton, au seuil de maisons couvertes de crasse et d'ulcères, une population hâve et fétide, croupissant au milieu d'épluchures innommées. Mais évitons ce spectacle nauséabond et n'abandonnons point la *Jodenbrêestraat.*

Découvrons-nous, s'il vous plaît, devant cette jolie maison qui jure avec ses voisines. Ses assises de brique et de pierre, son attique élégant, son petit escalier de granit, suffiraient à excuser notre attention, si une inscription enveloppée d'une couronne ne nous disait que nous sommes devant un des sanctuaires de l'art hollandais. C'est, en effet, dans cette demeure, à la fois gracieuse et simple, que Rembrandt habita pendant les plus belles années de sa vie : c'est là que ce merveilleux génie peignit ses plus belles œuvres et grava, pour la postérité, ces étonnantes compositions, qui aujourd'hui encore nous surprennent et nous ravissent. Il vint s'y installer au lendemain de son mariage avec Saskia Uylenburg. Auparavant, il demeurait de l'autre côté du pont, dans la *Sint Anthonies Brêestraat*. Mais la maison était trop petite pour un ménage, et puis l'artiste espérait dans l'avenir, et le présent lui souriait.

Cette résidence nouvelle n'était-elle pas; du reste, admirablement choisie? Le grand artiste n'avait qu'à lever les yeux pour apercevoir le superbe clocher de la *Zuiderkerk,* lançant dans le ciel son élégant campanile aux tons chauds et aux formes gracieuses. De sa fenêtre, il découvrait l'*Oude Schans* avec sa merveilleuse perspective dominée par la tour de *Montalbaan,* et enfin, à ses pieds, ne voyait-il pas défiler la plus étonnante procession qu'il pût souhaiter? Les types les plus curieux et les plus étranges, les gueux, les mendiants, et toute cette étonnante *juivaillerie* qu'il a si bien rendue, se succédaient tout le jour sous ses fenêtres. Combien d'estampes amusantes et curieuses sont sorties de cette contemplation? Sa *Faiseuse de pannekoeken,* son *Lépreux,* sa *Synagogue,* son *Vendeur de mort-aux-rats,* sa *Femme à la calebasse,* son *Juif au grand bonnet*, et tant d'autres sujets étonnants, il les a trouvés là, dans la *Jodenbreestraat*. C'était une mine intarissable pour un génie comme le sien.

Aussi y demeura-t-il près de vingt ans; et quand il quitta cette demeure, pour aller, amère dérision! se réfugier au Canal des Roses (*Rosengracht*), il avait perdu ce qu'il aimait le plus au monde, sa femme et son fils; il avait dissipé sa fortune, et, poursuivi par ses créanciers, il lui fallait consacrer son avenir à liquider son passé. Heureusement pour nous, les épreuves les plus cruelles ne purent entamer ce vaste génie; et dans ses dernières années comme au meilleur temps de sa vie, il ne cessa de produire avec la même sérénité ces chefs-d'œuvre inimitables, qui sont la gloire de son pays et l'honneur de son siècle.

Rembrandt n'est point, du reste, le seul hôte illustre qui ait vécu dans ces parages. Spinoza a dû naître et vivre tout près d'ici. Où? On l'ignore encore, mais on finira par le découvrir (1). C'est dans quelqu'une de ces échoppes qu'il a travaillé, c'est dans quelqu'une de ces bicoques qu'il a étudié Descartes et imaginé son système.

Franchissons le pont-levis et, tout en passant, donnons un coup d'œil à l'*Oude Schans*, qui s'ouvre devant nous. C'est un des coins les plus remarquables de la ville. Ce long canal encombré de bateaux, avec ses rives garnies de maisons brunes, avec ses trains de bois qui cachent presque l'eau, et au loin cette tour moitié briques et moitié ardoises, rouge et noire, qui coupe le ciel; puis, plus loin encore, derrière les ponts et les écluses, cette petite échappée qui donne sur l'Y; tout cela forme un tableau magique.

Une fois le pont franchi, nous entrons dans la large rue de Saint-Antoine, dans *Sint Anthonies Breestraat*. Nous sommes encore sur le domaine des juifs. Je n'ai, du reste, guère besoin de vous le dire, cela se voit et se sent. Les nez en crochet et les cheveux frisés abondent; mais, sur les confins de leur empire, les enfants d'Israël se montrent moins envahissants. Ici les maisons leur suffisent presque. Ils ne campent plus dans la rue et ne couvrent plus la chaussée de leurs étalages fantastiques. C'est à peine si quelques négociants ambulants se promènent avec leurs brouettes et leurs éventaires, psalmodiant le prix et le détail de ce qu'ils offrent. Mais, par contre, de chaque côté de la rue, les maisons sont encombrées des industries les plus diverses. Depuis le sous-sol, où l'on descend par une sorte d'échelle, jusqu'au grenier, tout est boutique. Chaque étage renferme un commerce et un commerçant Que les habitants, toutefois, ne nous empêchent pas de regarder

(1) Depuis que ces lignes sont écrites, M. Scheltema a découvert le lieu de naissance de Benedictus de Spinoza. « C'est sur le Houtgracht, m'écrit l'éminent archiviste d'Amsterdam, dans la maison portant la lettre Q et le n° 205, qu'est né Spinoza. Cette maison, habitée par J. N. Hergt, est aujourd'hui occupée par un magasin de porcelaines. »

la rue, et que les maisons ne détournent point notre attention de cette petite porte qui se trouve sur notre gauche et de la petite citadelle que nous apercevons au loin. La porte, avec ses ornements funèbres, ses crânes et ses ossements en croix, ne manque pas d'un certain caractère. Elle date du dix-septième siècle et donnait accès jadis dans le cimetière de la *Zuiderkerk*. Aujourd'hui les cimetières sont hors la ville, et c'est miracle que cette entrée, avec ses insignes de la mort, n'ait point encore disparu.

Quant à la petite citadelle, c'est l'ancienne porte Saint-Antoine. Bien qu'elle ait changé de destination, elle a vraiment encore une belle tournure. Ses grosses tours et ses tourelles, ses meurtrières et ses toits pointus réjouissent le regard et forment une agréable perspective.

Elle fut construite en 1490. Une pierre, qui se trouve encadrée dans la façade postérieure, en fait foi. En ce temps-là, la ville n'allait pas plus loin. Amsterdam s'arrêtait-là. La rue où nous sommes, le quartier juif et toute la partie sud-est de la ville n'existaient point. C'étaient de grandes prairies, des polders touffus, où les vaches blanches et noires paissaient tranquillement.

HENRY HAVARD.

BORDS DE L'AMSTEL.

www.ingramcontent.com/pod-product-compliance
Ingram Content Group UK Ltd.
Pitfield, Milton Keynes, MK11 3LW, UK
UKHW021033200726
13857UKWH00004B/1713